ABSCHIED IN VERSIONEN

VORWORT

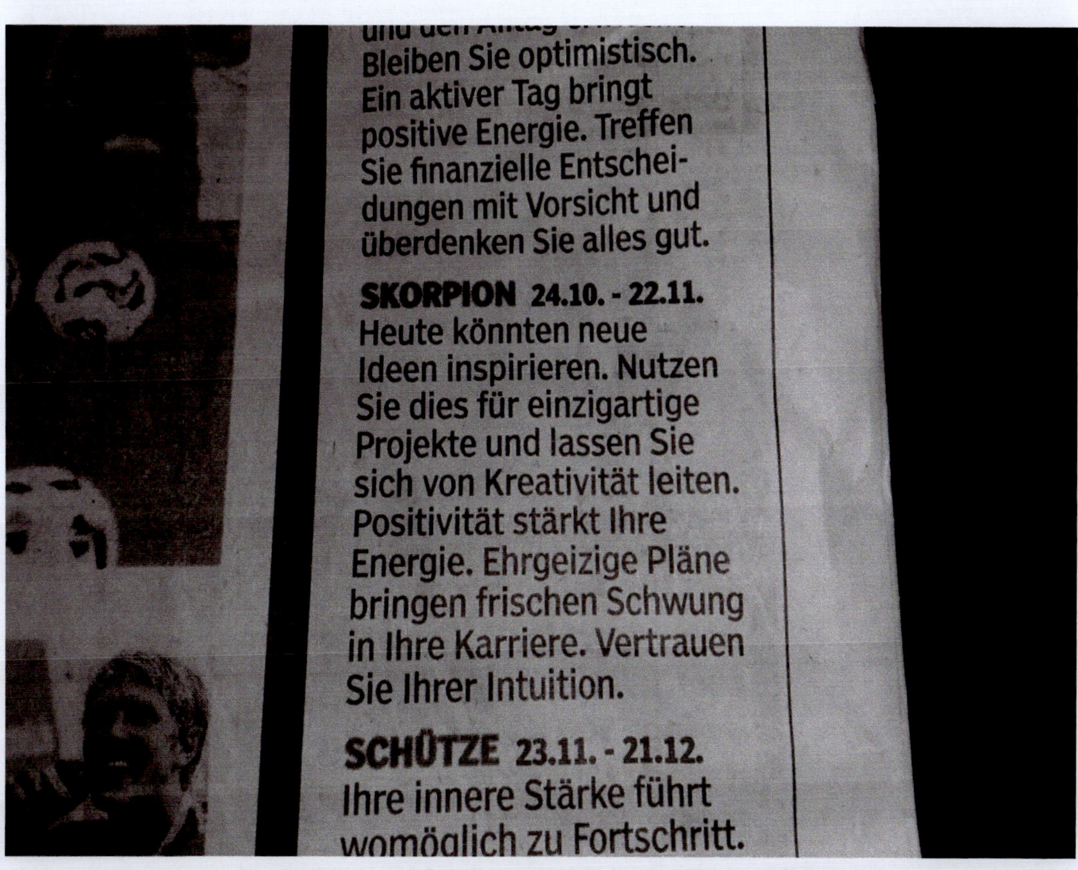

und den Alltag erleichtern. Bleiben Sie optimistisch. Ein aktiver Tag bringt positive Energie. Treffen Sie finanzielle Entscheidungen mit Vorsicht und überdenken Sie alles gut.

SKORPION 24.10. - 22.11.
Heute könnten neue Ideen inspirieren. Nutzen Sie dies für einzigartige Projekte und lassen Sie sich von Kreativität leiten. Positivität stärkt Ihre Energie. Ehrgeizige Pläne bringen frischen Schwung in Ihre Karriere. Vertrauen Sie Ihrer Intuition.

SCHÜTZE 23.11. - 21.12.
Ihre innere Stärke führt womöglich zu Fortschritt.

Gerade geute am 18.11,2024 - positive Energien!

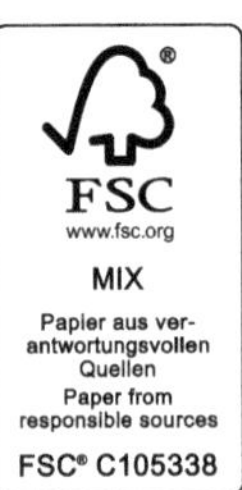

© 2024 Gerd Steinkoenig
Verlag: BoD · Books on Demand GmbH, In de Tarpen 42, 22848 Norderstedt
Druck: Libri Plureos GmbH, Friedensallee 273, 22763 Hamburg
ISBN: 978-3-7693-1699-5

VERGESSEN / TROTZDEM

Vergessen über 1993 bis 1997

Vergessen über Vater

Vergessen über KL

Vergessen über Schwedelbach

Vergessen über bestimmte Ereignisse

Vergessen über 2014/2015

Vergessen über 1960er/Anfang70er-Mutter

Trotzdem lernen über den Scheiß

Trotzdem lernen für meine Gegenwart

Trotzdem lernen für meine Zukunft

Trotzdem lernen über Umwandlungen

Trotzdem lernen von Leben zu Leben

Trotzdem lernen mit positiven Energien

Trotzdem lernen für meinen Sinn des Lebens

C P Gerd Steinkoenig Gerd Stein 18.11.24

Foto: der Autor

PS: Gegensätze - hatte 2015 meine beste

Entscheidung des Lebens, aber im Gegensatz

zu xxxxxxxx: vergessen, lernen...

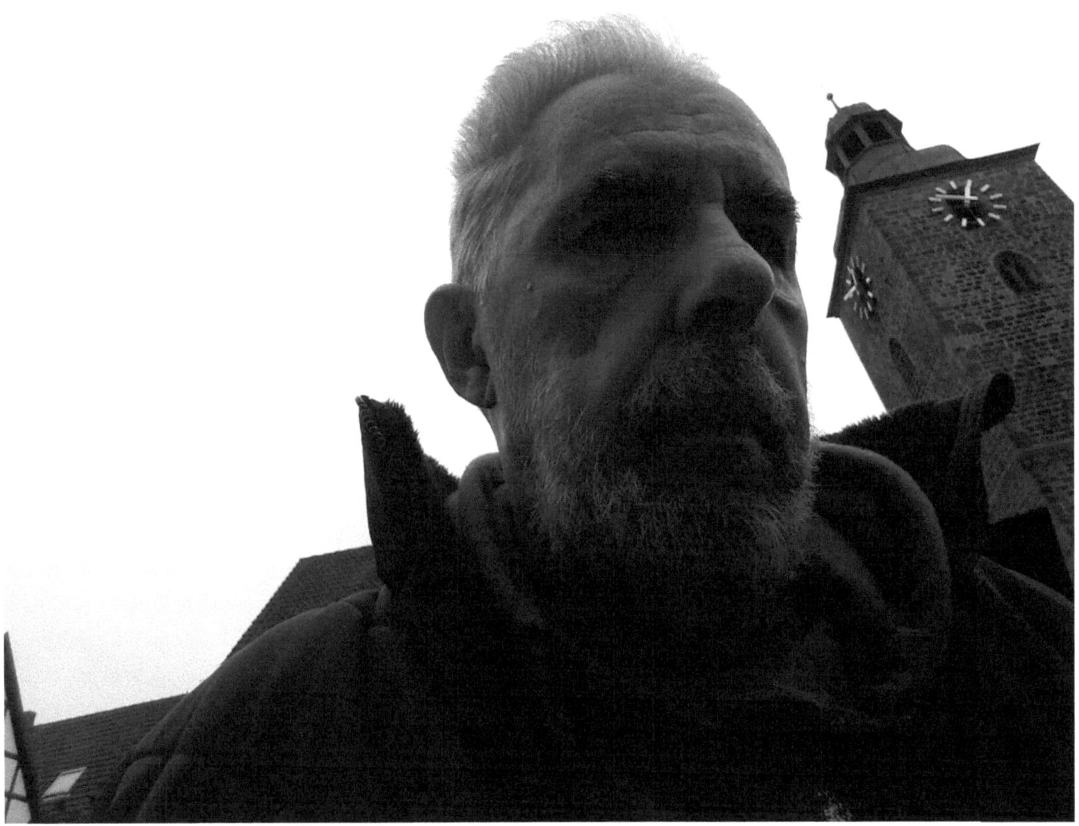

ZUKUNFT

Seit meinem Schlaganfall ist aufeinmal Tätärä! Covid 19, Leute gegen die Demokratie
(Trump, AfD etc), Krieg Russland vs Ukraine, Krieg Israel vs Gaza, das Klima kackt ab (wegen
Trump und Co), die Propaganda/Verschwörer-Roboter, Zensur in der Demokratie (facebook,
Sprachpolizei etc). Was wohl ist in 10 Jahren über die NWO? Vielleicht "neue Geschichte"
über die Rechts-Propaganda? Oder doch nicht, weil Gott die Hand auflegt? Und vorallem für
mich für meine positive Zukunft! Kommt noch in der "Abschieds-Saison" der 4. Abschied von
Mutter? Momentan geht's ihr nicht gut, aber bei ihr weiß man nie, denn vorgestern: mir
geht's wieder gut, gestern wieder schlecht - und ich jeden Tag mit ihr Telefonat. Ich hab
meine Stärke, auch wenn sie mich ab und zu nervt, sie ist andererseits "gefangen" auf ihrem
Bett. Klingt zwar hart, aber mit ihren 86 Jahren mit ihrer Situation (lebt in Fuerteventura mit
ihren Betreuern und unsere Telefonate), meine ich durch meinen Glauben: demnächst ist
Mutter erlöst - und ich bin erlöst! Andererseits ist sie zäh und wird 100, aber man weiß nie.
Und in meiner Zukunft über mein "Institut", meine diversen Betreuern, mit
KampfMutWilleDisziplin auch in 10 Jahren, für meine DNA Freiheit mit positiven Energien!
Trotz Trump, NWO...

C P Gerd Steinkoenig 18. November 2024

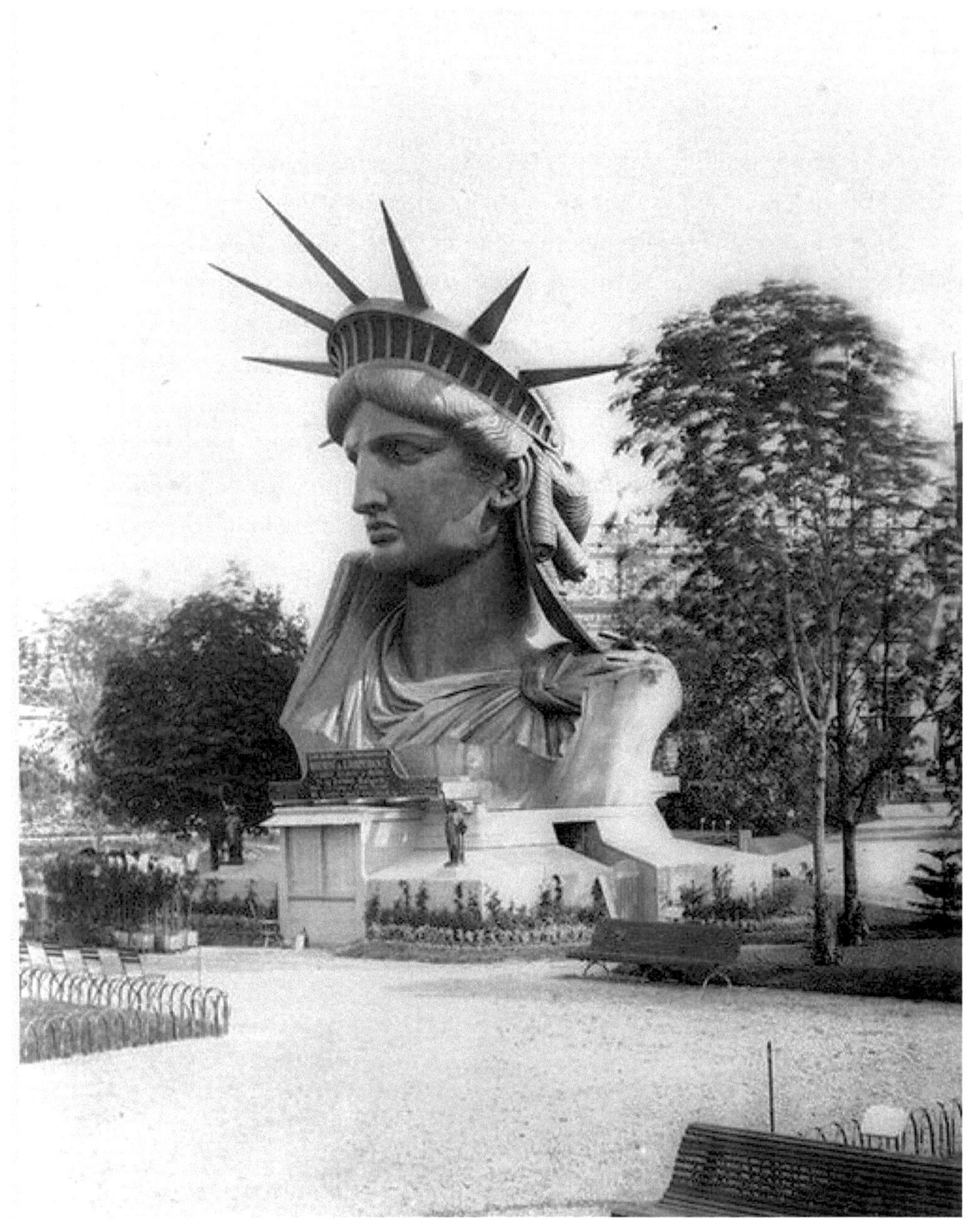

Wissen macht den Unterschied

16. November um 07:02 ·

Dieses Foto wurde in Paris, Frankreich, im Jahr 1878 aufgenommen, als der Kopf der Freiheitsstatue auf der Exposition Universelle (Weltausstellung) in Paris ausgestellt war. Die Freiheitsstatue, ein Werk des französischen Bildhauers Frédéric Auguste Bartholdi, wurde durch Spenden aus Frankreich finanziert und war ein Geschenk an die Vereinigten Staaten als Zeichen der Freundschaft.

Die Ausstellung der Statue in Paris diente dazu, zusätzliche finanzielle Mittel zu sammeln und das öffentliche Interesse an diesem Projekt zu wecken.

Mein treuestes Mädchen aller Zeiten! Moi Katzemäädsche Molly (2005-2021)!

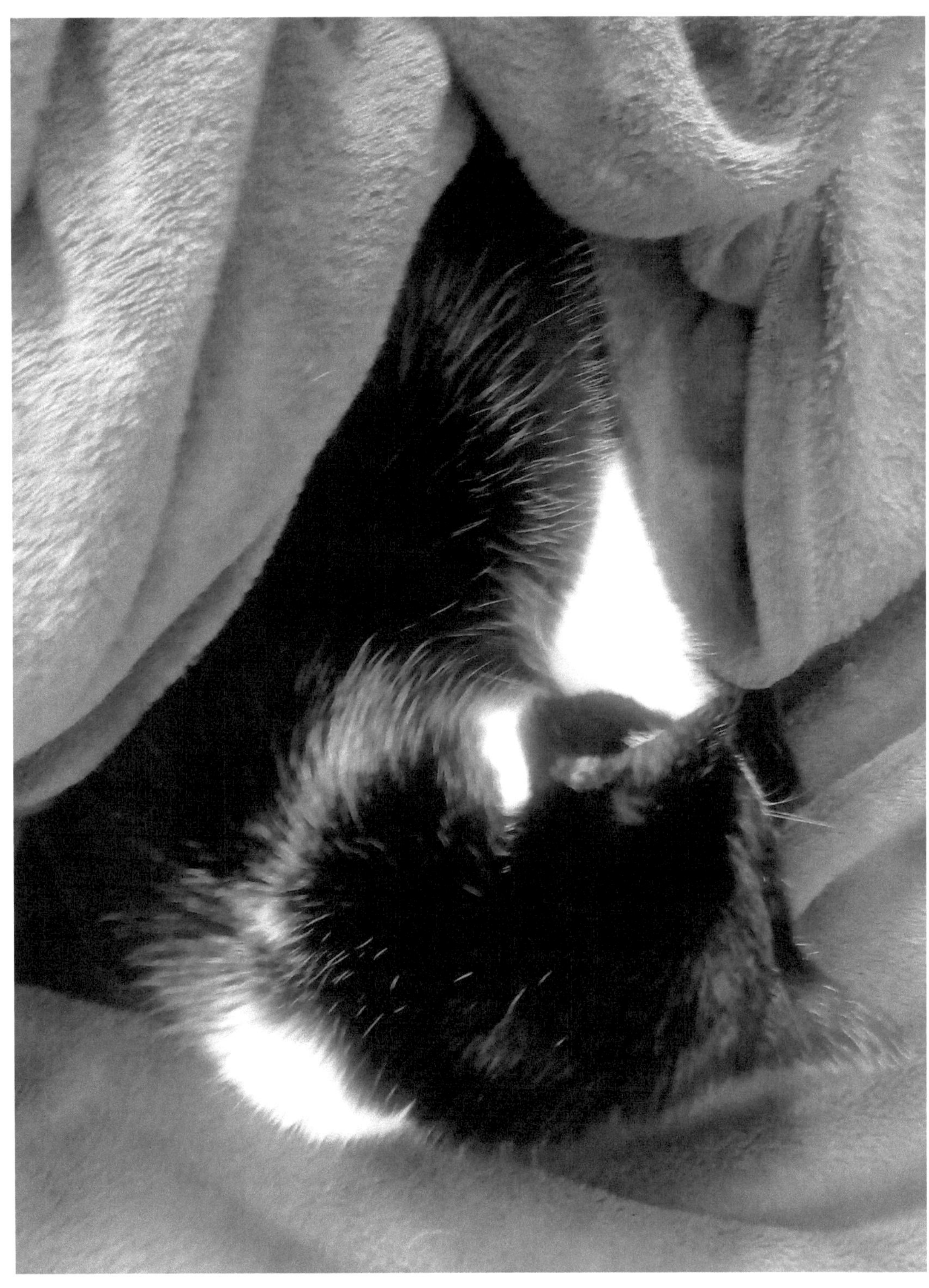

November 2019

3 NOVEMBER 2024-COLLAGEN ÜBER MEIN MOMENTUMLEBEN!

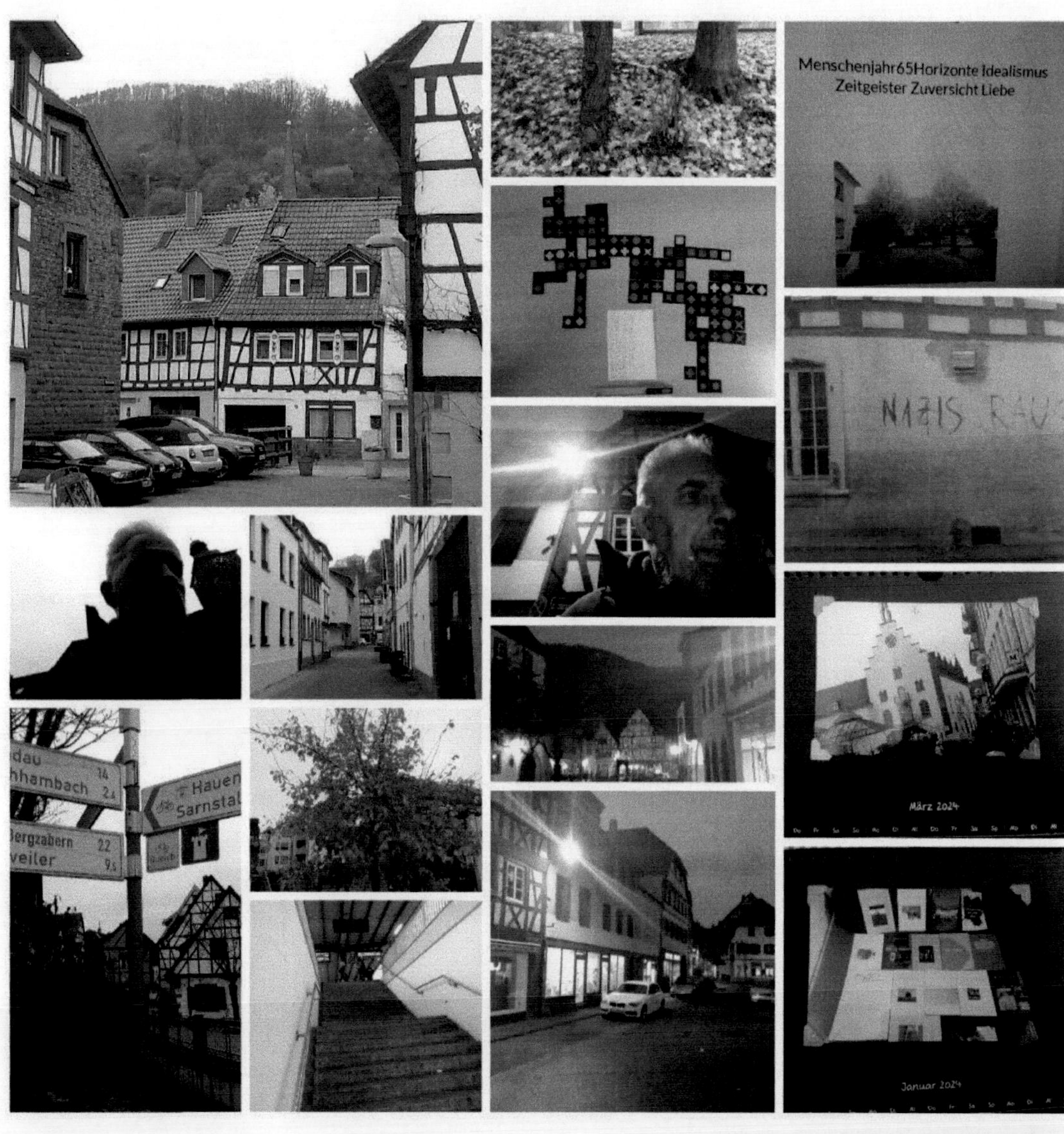

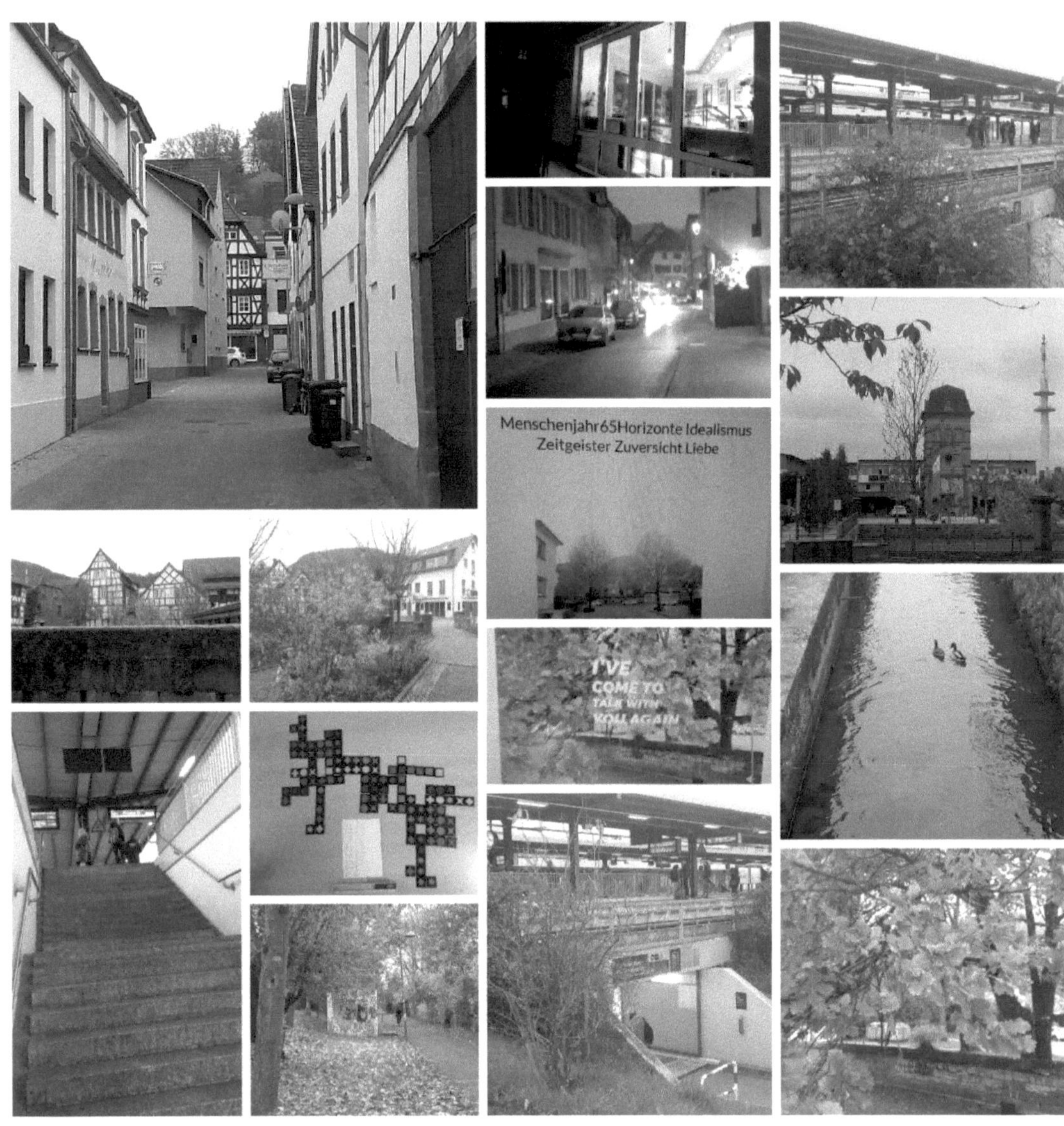
Menschenjahr65Horizonte Idealismus
Zeitgeister Zuversicht Liebe
I'VE
COME TO
TALK WITH
YOU AGAIN

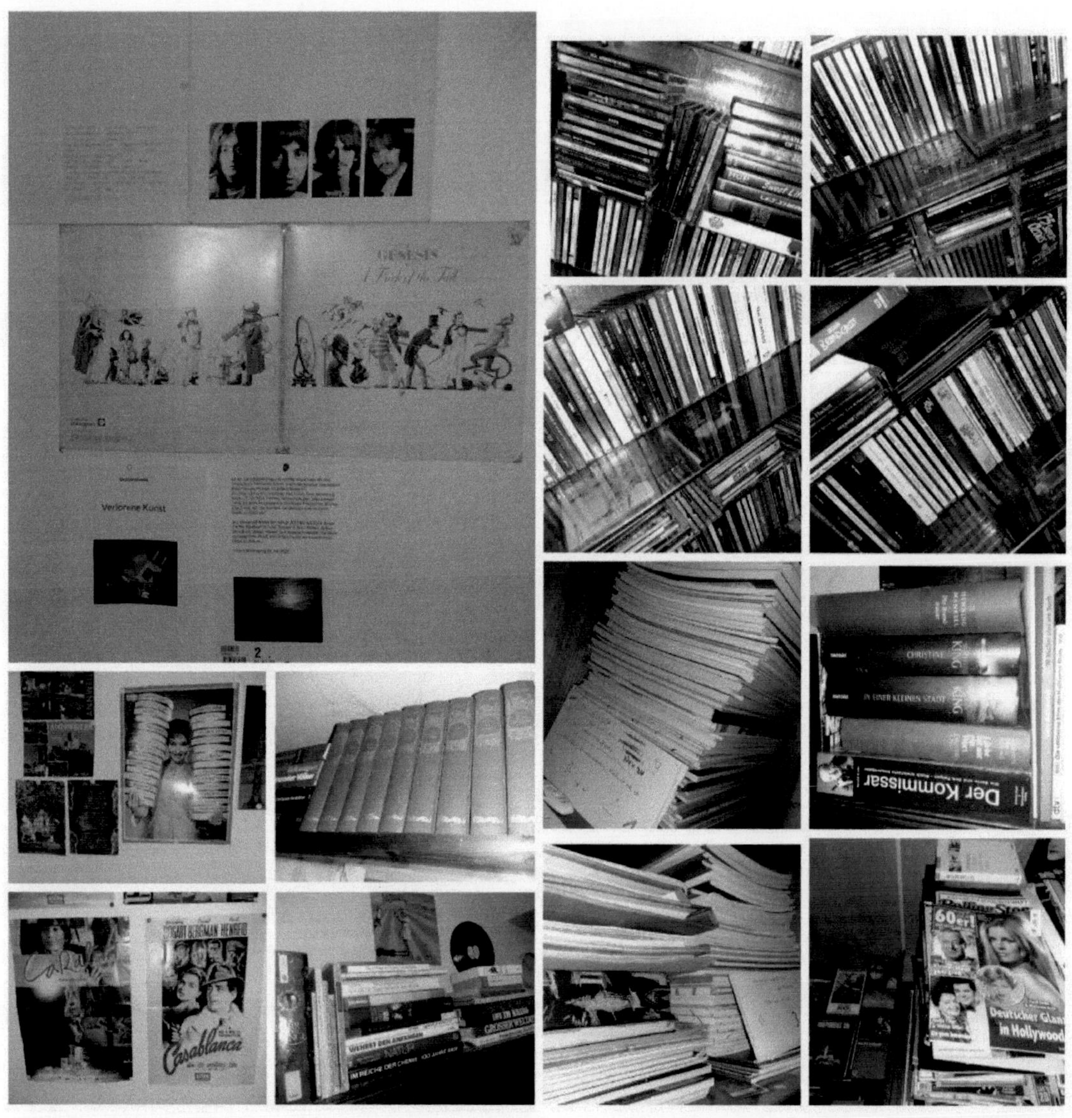

12 Fotos-Collage! Teil 1 und 2 sind meine 2 15 Fotos-Collagen "November" von gestern! Heute Teil 3 über meine Wohnlocation. 3 Collagen über mein Momentum-Leben, wie es ist: mit meinem 65. Geburtstag vom "Deutschen Tag" 9. November (9.11: Gründung der Weimarer Republik, Reichskristallnacht, Mauerfall...), mein Leben in Annweiler und Landau, mit Fotomotiven, meine übliche Treppe zum Zug, "meine Bäckerei", meine vertrauten Häuser und Straßen, meine CDs, meine Books etc. (17. November 2024)

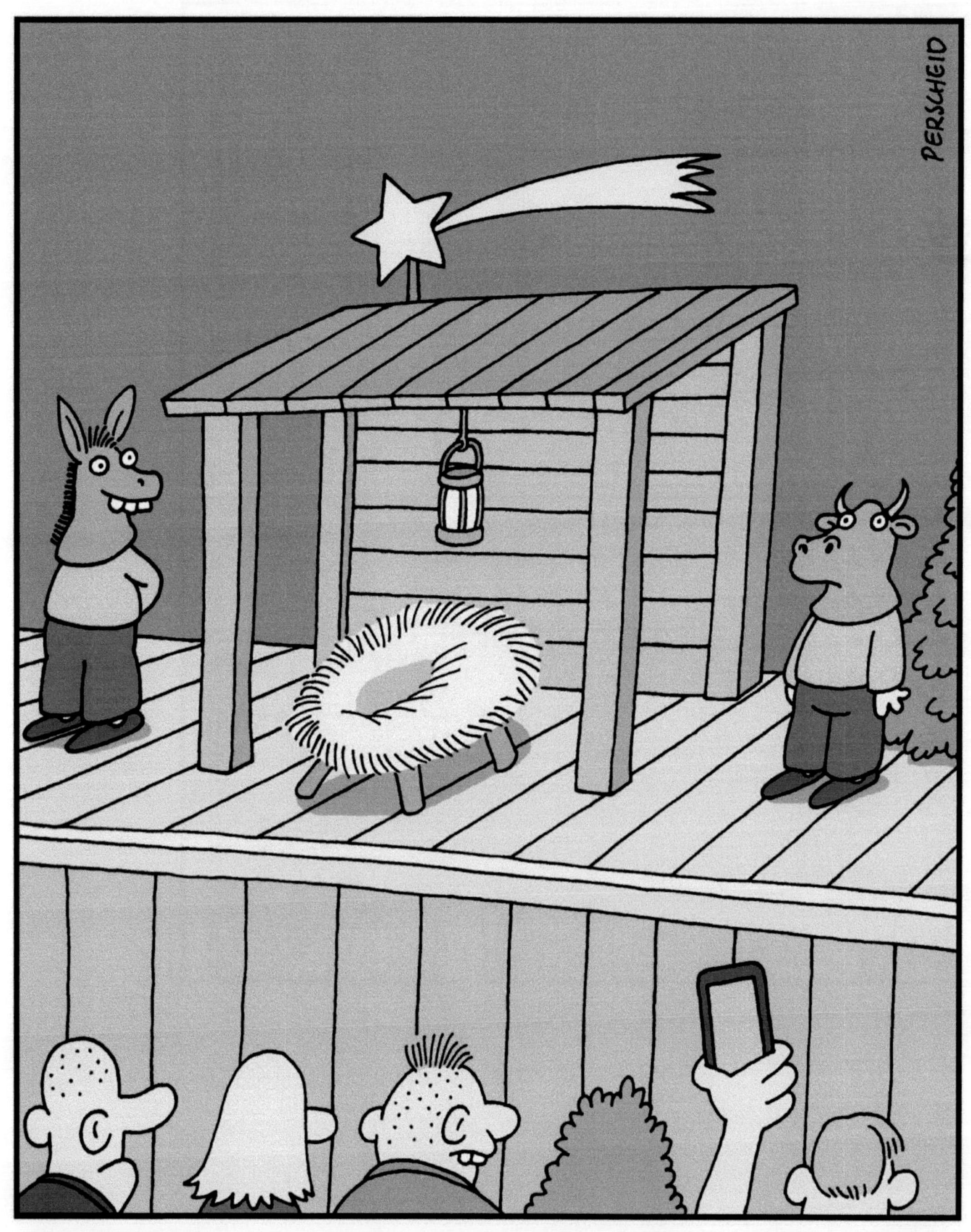

DAS KRIPPENSPIEL DER RUDOLF-HESS-GRUNDSCHULE IN ARSCHRITZ FINDET TRADITIONELL OHNE FLÜCHTLINGE, JUDEN, ARABER UND AFRIKANER STATT.

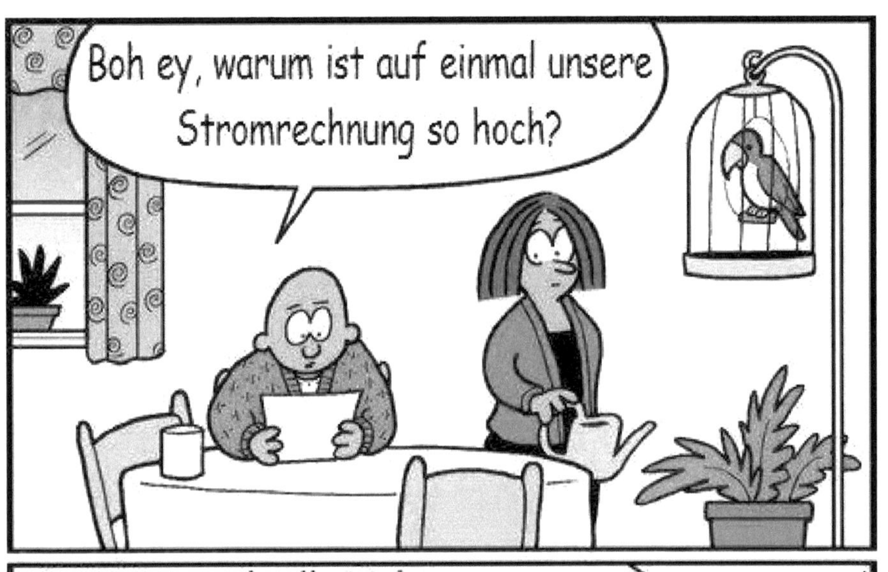

Boh ey, warum ist auf einmal unsere Stromrechnung so hoch?

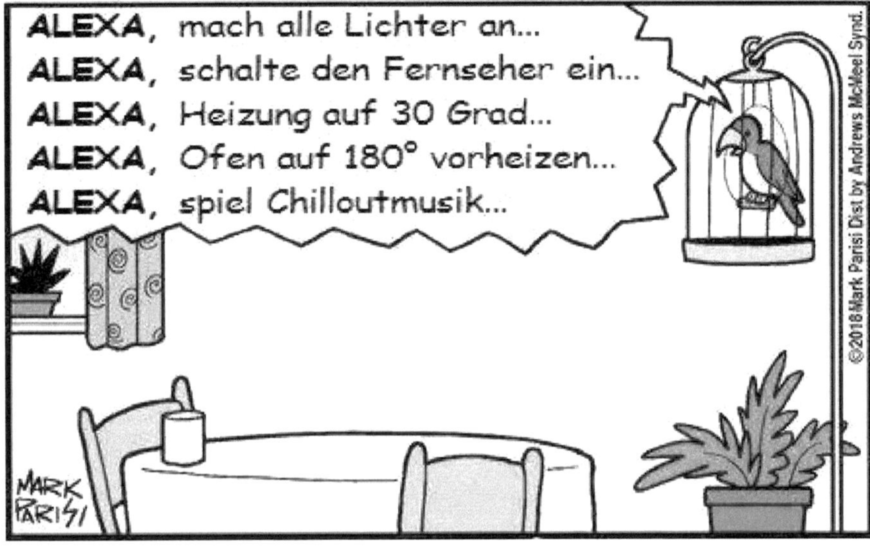

ALEXA, mach alle Lichter an...
ALEXA, schalte den Fernseher ein...
ALEXA, Heizung auf 30 Grad...
ALEXA, Ofen auf 180° vorheizen...
ALEXA, spiel Chilloutmusik...

Einem Unzufriedenen

Sieh, ich verstehe ja dein Fluchen;
Aber die Welt bleibt wie sie war,
Dein Haß verändert sie um kein Haar.
Die Menschen sind eine verdorbene Brut,
Aber du selber – bist du denn gut?
Ich würde es mit der Liebe versuchen.

Hermann Hesse (1877-1962)

3 Zitate von Hesse in meinem letzten Buch "Menschenjahr65Horizonte...". Hab das Buch
"Steppenwolf" von ihm (von Christa K).

Mein letztes, letztes, letztes Buch!! Ich hatte tolle letzte Bücher geschrieben, zB My Best Books 2017-2024 oder 70 Bücher sind ein Buch! Dann doch noch das 71. Buch... (in den nächsten Tagen zur Veröffentlichung!). Im Momentum hatte ich diverse "Film-Plots" in Fortsetzung, zB 2 Abschiede - daher! Im Endeffekt ist immer Fortsetzung, denn mein Leben hat von Tag zu Tag neue Erkenntnisse, Erfahrungen, Erlebnisse. Jetzt endlich mein LETZTES Buch!! Natürlich hatten diverse Leute dies auch gemeint: schreib für deine Seele! Aber es ist eine neverending Story! Selbstverständlich mit neuen Facetten, Kreativitäten, Lyrics, Fotos - trotzdem hab ich meistens die gleiche Schiene, aber ich brauche einen endgültigen Neuanfang. 2017 schrieb ich 7 Bücher mit echtem Abschluss. Es war VOR meinem Schlaganfall, dann 2017/2018 NOisbn-Theraphiebücher. Ab 2019 schrieb ich mein 8. veröffentlichtes Buch und seitdem Momentums, Tagebücher, Entwicklungen, Fortschritte, Kreativimpulse (zB Romänchen, Fotobände, diverse Pseudonyme zB Dialog von Zeitläuferin Beatrice Farber und ich etc), Seelenschreie, Good Vibrations-Laune, über meinen Schlaganfall, Musik und und. Ich schreib schnell mein 72. ISBN-Buch, damit ich weiterhin 2017-2024 sagen kann. Wenn wegen Mutter, meine positive Zukunft etc, dann endgültig schreiben in meinen Social Networks! Jetzt gleich 3 Abschiede: Stefan R, The Soul FrSchw, meine Buchkarriere!!

Foto: my musicFaves, C P Gerd Steinkoenig 17. November 2024

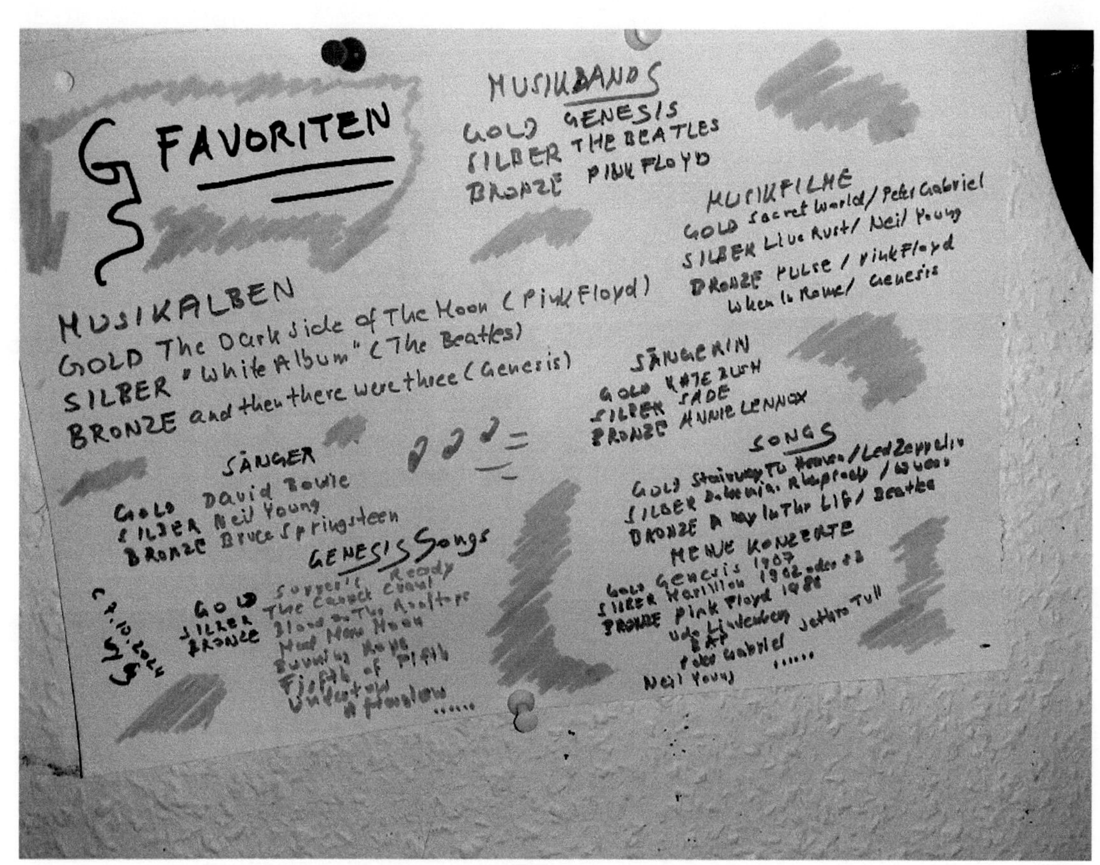

The Soul of Institut gone! The Last Game! 15.11.24

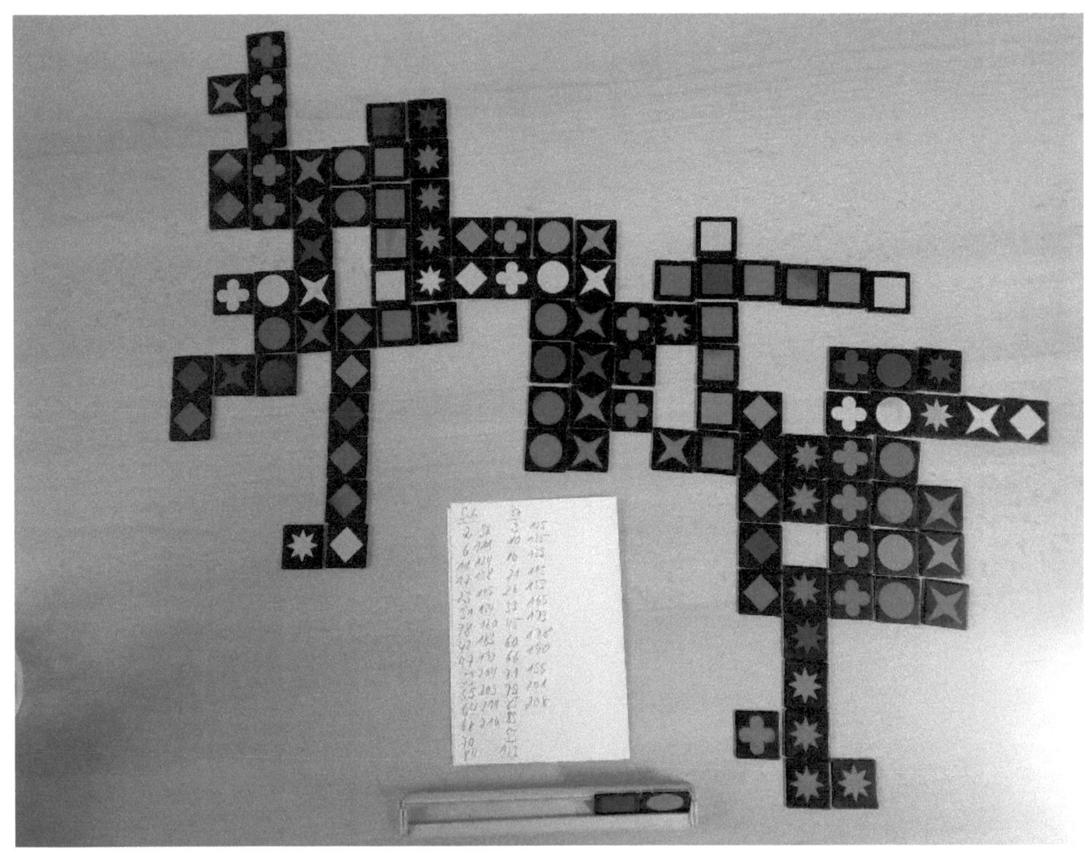

The Soul of Institut Part 2

Nach dem Institut-Nachmittag gestern mit 3 Spielen insbesondere mit The Soul. Im 3. Spel waren wir allein mit ihrem Lieblingsspiel: paralell Erinnerungen aus dieser Zeit mit bestimmten Worten, Gestiken - und es ist womöglich das letzte Game, das sie wohl gespielt hat. Am 28.11. Ist Abschiedsparty, keine Ahnung ob da gespielt wird. Auf jeden Fall dann Richtung HBF zu "meinem" Zug und wollte erstmals zu einem Fotomotiv. Ich wollte (auf der ersten oder zweiten Treppenstufe) gerade fotografieren und ich wollte abwarten, weil eine Frau kam, aber sie wartete auch und lächelte. Ich war ein Fragezeichen und durch ihre Stimme hab ich The Soul erkannt... Echt der Wahnsinn: ich nehme an, relativ zu viel Stress, gleich 2 Termine mit Diskussionen über Abschiede, Wohlbefinden, kein Gingium an diesem Tag, im Endeffekt zu viele Games (war mal wieder ein "Erstmals-Denk-Spiel"...). Ich war natürlich verdattert und bin "geflüchtet" zu meinen Foto-Herbstmotiven im "Hinterhof" vom HBF. Ich fotografierte und dachte gleich: Mensch, ich muss unbedingt wieder zum Bahnsteig von The Soul. Wenn sie (nur ab und zu) zum Zug ging, hatten wir uns immer unterhalten. Vielleicht wollte sie es auch, was alles war (denn in den letzten Wochen war schon ein bisschen Melancholie bei ihr, obwohl sie total taff ist, aber mit ihren "Kindern"...), und wir unterhielten uns wieder am Bahnsteig, zB über die Handyfotos, wie sie das alles machte mit den Fototricks (und mein Fototrick war Photo Mania-App). Jetzt ist sie bald weg, nur noch der 28.11. Sie ist für immer in meinem Herzen und ihre Stimme werde ich nie vergessen. Im Januar, spätestens März 2025 ist mein Betreuer Stefan R auch weg (im letzten Buch hatte ich es beschrieben mit meinen 2 Abschieden, der letzte Stand von Stefan ist nicht Praxis, sondern Psychologe, wahrscheinlich Pfalzklinikum Klingenmünster etc). Mit The Soul beim 3. Game hatte ich ua über meine Mutter gesprochen (denn The Soul wusste ja

18

Bescheid von Anfang an) und erzählte zu ihr "Stand heute". Im Endeffekt hatte sie damals Recht gehabt, was ich damals nicht erkannte, später dann doch: "es ist IHR Problem", und sie hatte recht! Und - man weiß es ja nie - zum dritten Abschied: Mutter! Gleich telefoniere zu Mutter (ist ja jeden Tag), ob es ihr gut geht. Denn gestern und vorgestern war sie schlecht drauf. Ich dann wieder war ich zu Mutter "The Soul und Stefan R in einem"... Ich hab meinen Glauben, irgendwann ist Mutter erlöst und ich bin erlöst und ich meinen starken klaren freien reinen Geist! Mutter ist eigen (weiß The Soul auch), aber ich kenn sie seit 65 Jahren und immer Abstand (auch wenn tägliche Telefonate sind) - andererseits wird sie doch 100 (sie ist 86)...

C P Gerd Stein Gerd Steinkoenig 16. November 2024

Foto: jene Treppe im HBF von gestern...

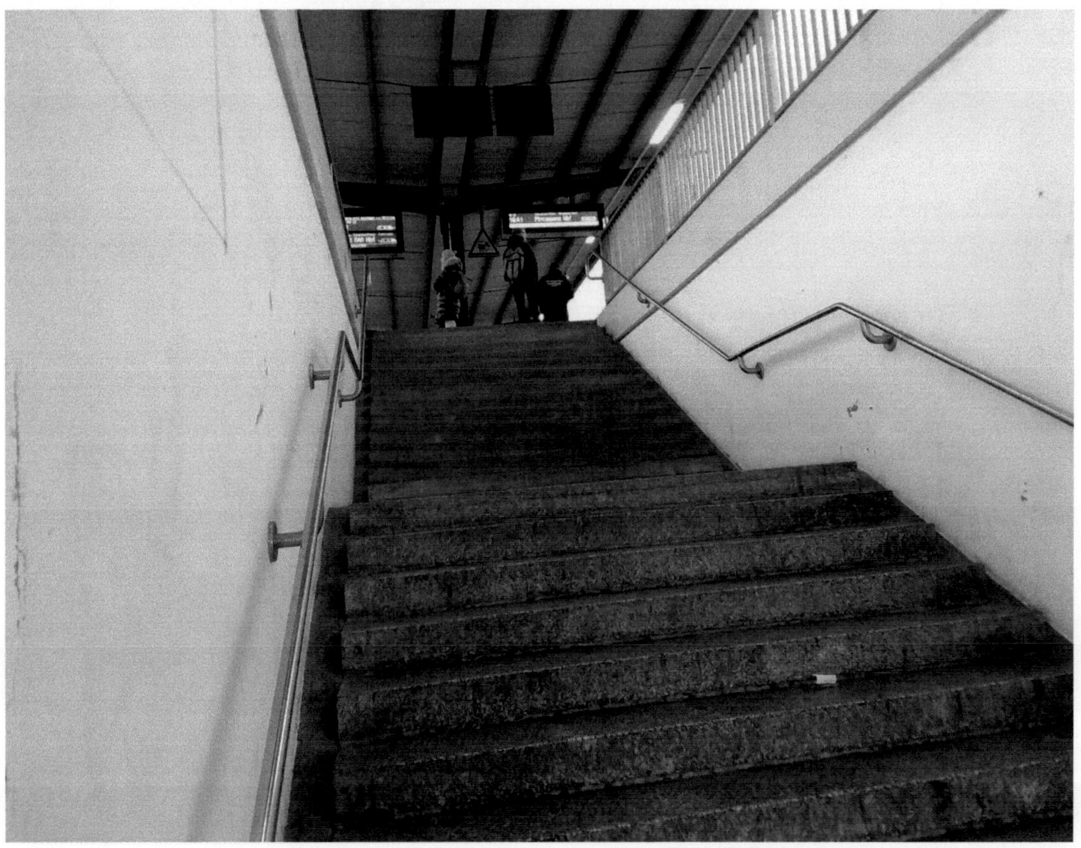

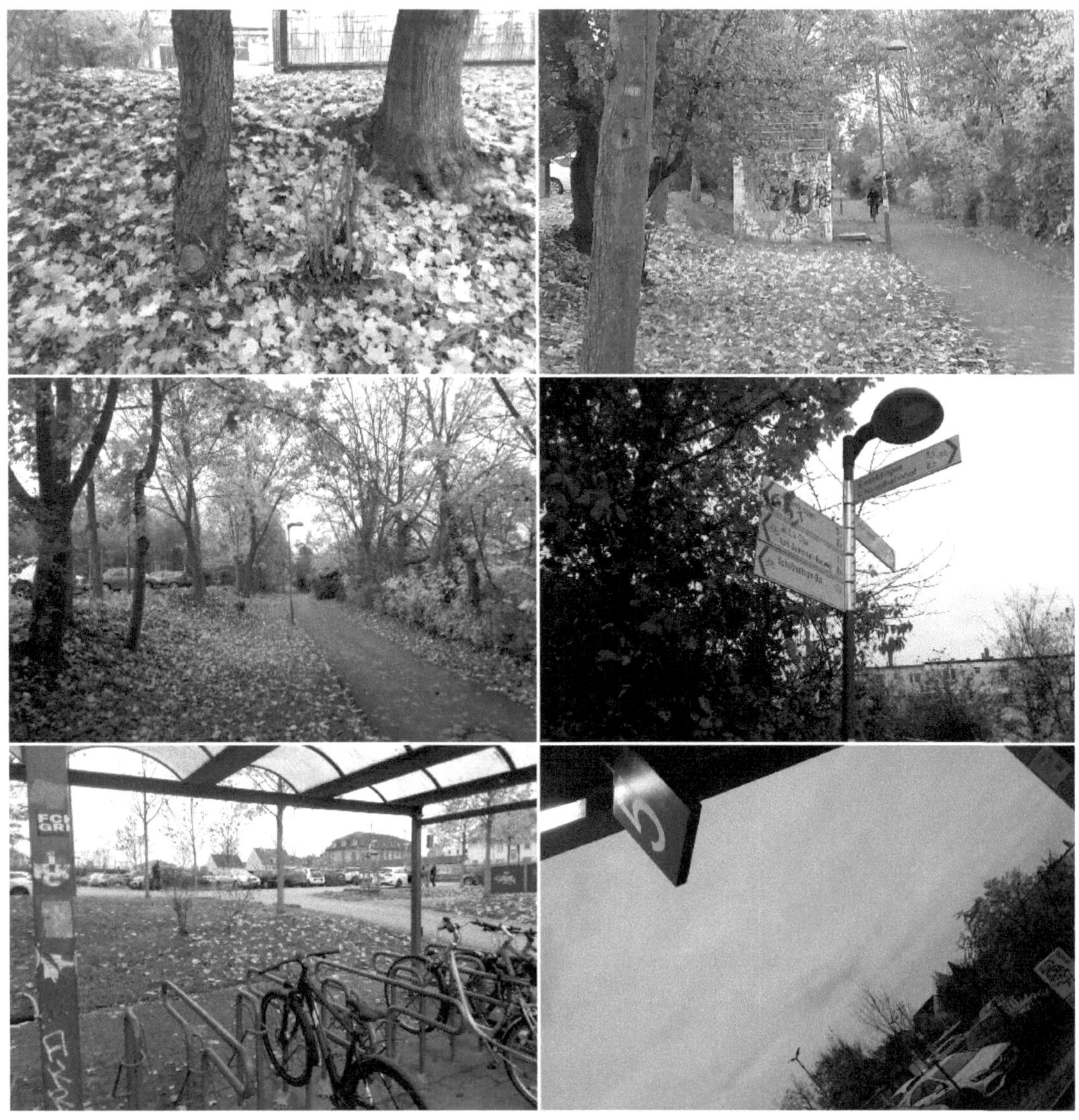

Eine Krise jagt die nächste...

"Wird`s besser? Wird`s schlimmer? fragt man alljährlich. Seien wir ehrlich: Leben ist immer lebensgefährlich!" Erich Kästner

Zitate zum Nachdenken - https://www.freidenker-galerie.de

2 Zitate von Kästner aus meinem letzten Buch "Menschenjahr65Horizonte"

21

"Wir dürfen nicht hoffen, eine bessere Welt zu erbauen, ehe nicht die Individuen besser werden." Marie Curie

Zitate zum Nachdenken - https://www.freidenker-galerie.de

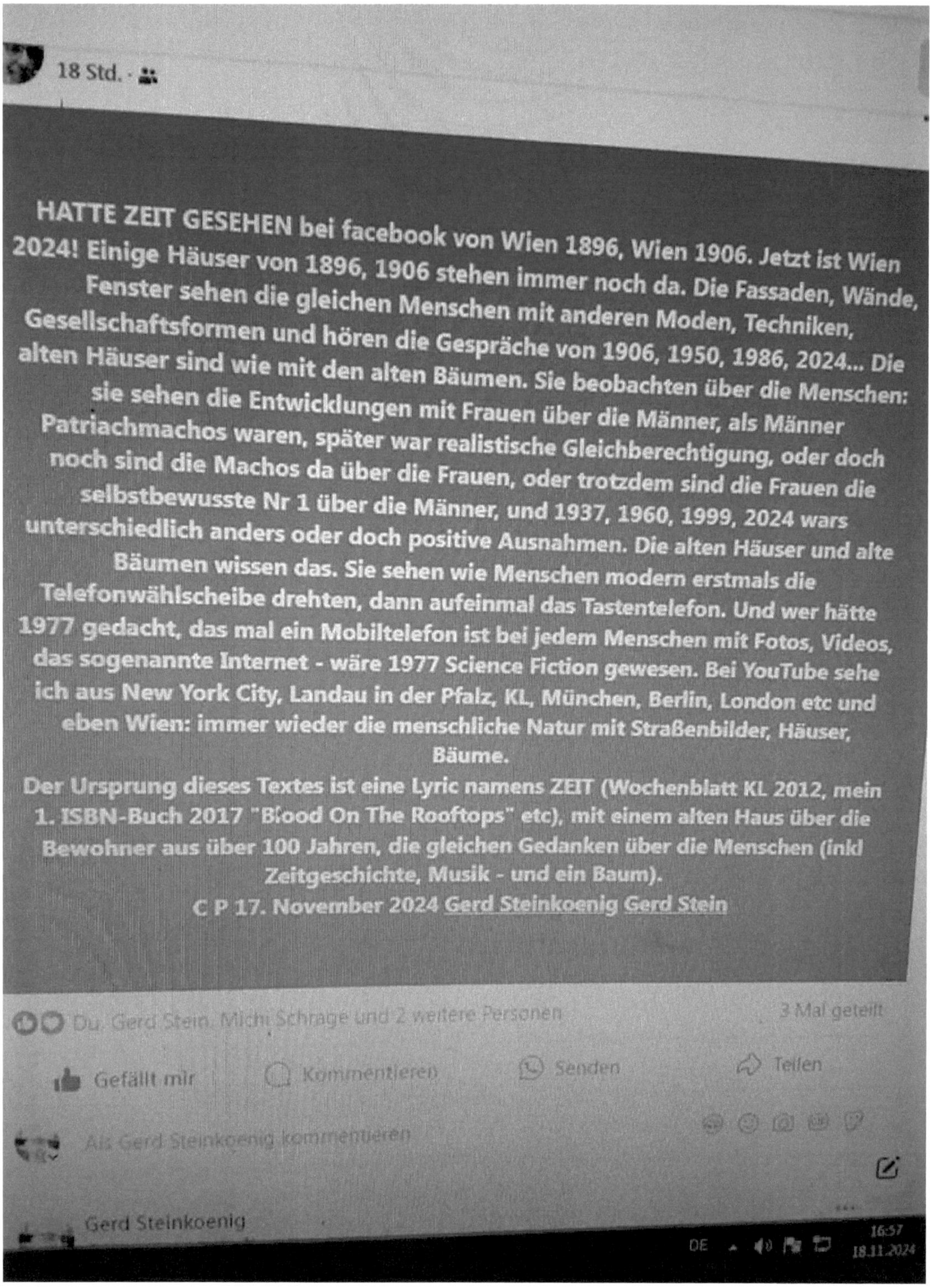

HATTE ZEIT GESEHEN bei facebook von Wien 1896, Wien 1906. Jetzt ist Wien 2024! Einige Häuser von 1896, 1906 stehen immer noch da. Die Fassaden, Wände, Fenster sehen die gleichen Menschen mit anderen Moden, Techniken, Gesellschaftsformen und hören die Gespräche von 1906, 1950, 1986, 2024... Die alten Häuser sind wie mit den alten Bäumen. Sie beobachten über die Menschen: sie sehen die Entwicklungen mit Frauen über die Männer, als Männer Patriachmachos waren, später war realistische Gleichberechtigung, oder doch noch sind die Machos da über die Frauen, oder trotzdem sind die Frauen die selbstbewusste Nr 1 über die Männer, und 1937, 1960, 1999, 2024 wars unterschiedlich anders oder doch positive Ausnahmen. Die alten Häuser und alte Bäumen wissen das. Sie sehen wie Menschen modern erstmals die Telefonwählscheibe drehten, dann aufeinmal das Tastentelefon. Und wer hätte 1977 gedacht, das mal ein Mobiltelefon ist bei jedem Menschen mit Fotos, Videos, das sogenannte Internet - wäre 1977 Science Fiction gewesen. Bei YouTube sehe ich aus New York City, Landau in der Pfalz, KL, München, Berlin, London etc und eben Wien: immer wieder die menschliche Natur mit Straßenbilder, Häuser, Bäume.

Der Ursprung dieses Textes ist eine Lyric namens ZEIT (Wochenblatt KL 2012, mein 1. ISBN-Buch 2017 "Blood On The Rooftops" etc), mit einem alten Haus über die Bewohner aus über 100 Jahren, die gleichen Gedanken über die Menschen (inkl Zeitgeschichte, Musik - und ein Baum).

C P 17. November 2024 Gerd Steinkoenig Gerd Stein

Daher bin ich "nur" ein kleiner Autor.... Wunderschön mit Rilke und Picasso (siehe unten)!

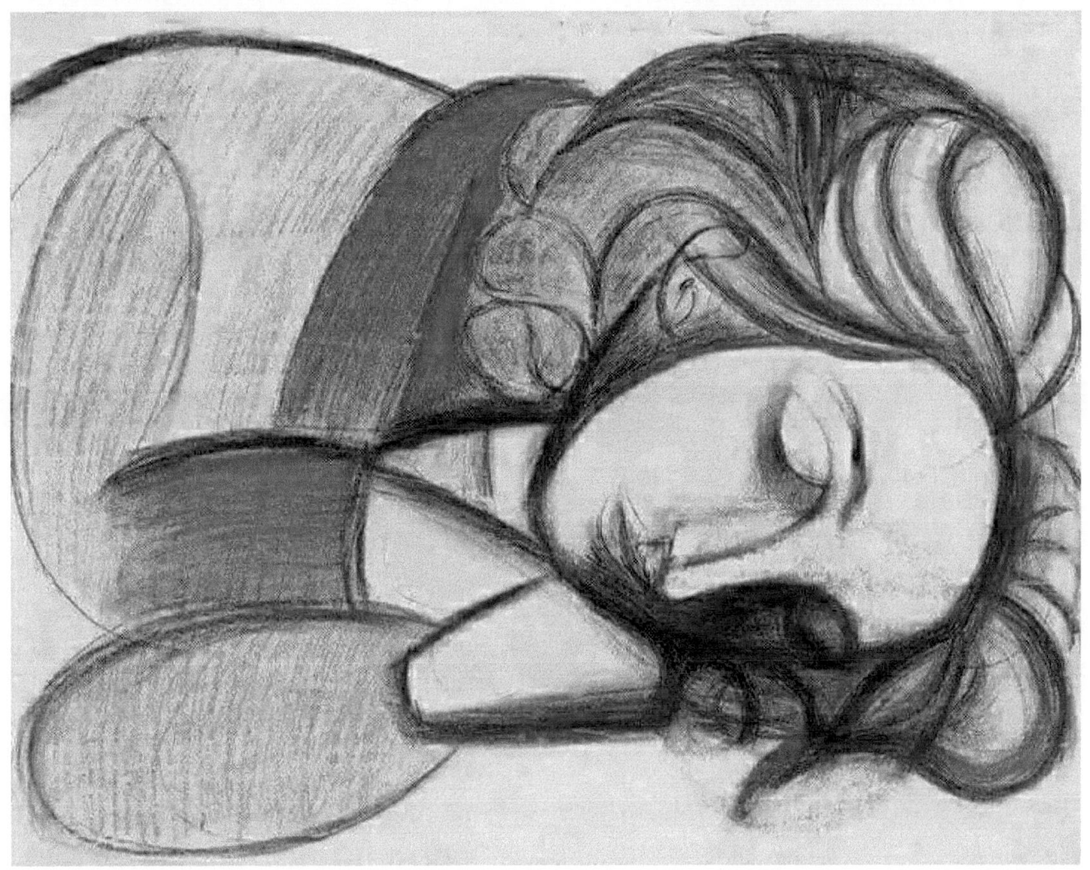

Zum Einschlafen zu sagen

Ich möchte jemanden einsingen,

bei jemandem sitzen und sein.

Ich möchte Dich wiegen und kleinsingen

und begleiten schlafaus und schlafein.

Ich möchte der Einzige sein im Haus,

der wüßte: die Nacht war kalt.

Und möchte horchen herein und hinaus

in Dich, in die Welt, in den Wald.

Die Uhren rufen sich schlagend an,

und man sieht der Zeit auf den Grund.

Und unten geht noch ein fremder Mann,

und stört einen fremden Hund.

Dahinter wird Stille. Ich habe groß

die Augen auf dich gelegt,

und sie halten Dich sanft und lassen Dich los,

wenn ein Ding sich im Dunkel bewegt.

Rainer Maria Rilke 1875 - 1926

"Schlafende Frau". Pablo Picasso, 1946

EUER AUTOR WAR MAL TV-PRODUZENT/MODERATOR!

16. November um 12:05 ·

1976 oder 1980: Musik mit Gefühl, Zeit, Innovation! Im 21. Jahrhundert hatte ich 5 Episoden
mit SMOKE - das Musikcafe (BürgerTV OK-KL) produziert, moderiert (2013). Eine Studentin
aus der Jugendredaktion meinte, der Song wäre zu lang von "Motherlode" von Genesis...
Dabei hatte ich es total abgekürzt, zB "unbemerkt" übersprungen. Also, auch heute 2024, ist
Musik Wegwerfware, Billigprodukt, ohne Zeit, ohne Gefühl mit 08/15-Mainstream! PS: der
erste Song in diesem Video wurde von "Motherlode" auch abgekürzt, lach, war ein
Medley... (16.11.2024)

YOUTUBE.COM

Genesis - Liverpool UK 2-3 May1980 (HD)

"Wir wissen zuviel und fühlen zuwenig. Zumindest spüren wir zuwenig von jenen schöpferischen Emotionen, aus denen ein sinnvolles Leben entspringt." Bertrand Russel

Zitate zum Nachdenken - https://www.freidenker-galerie.de

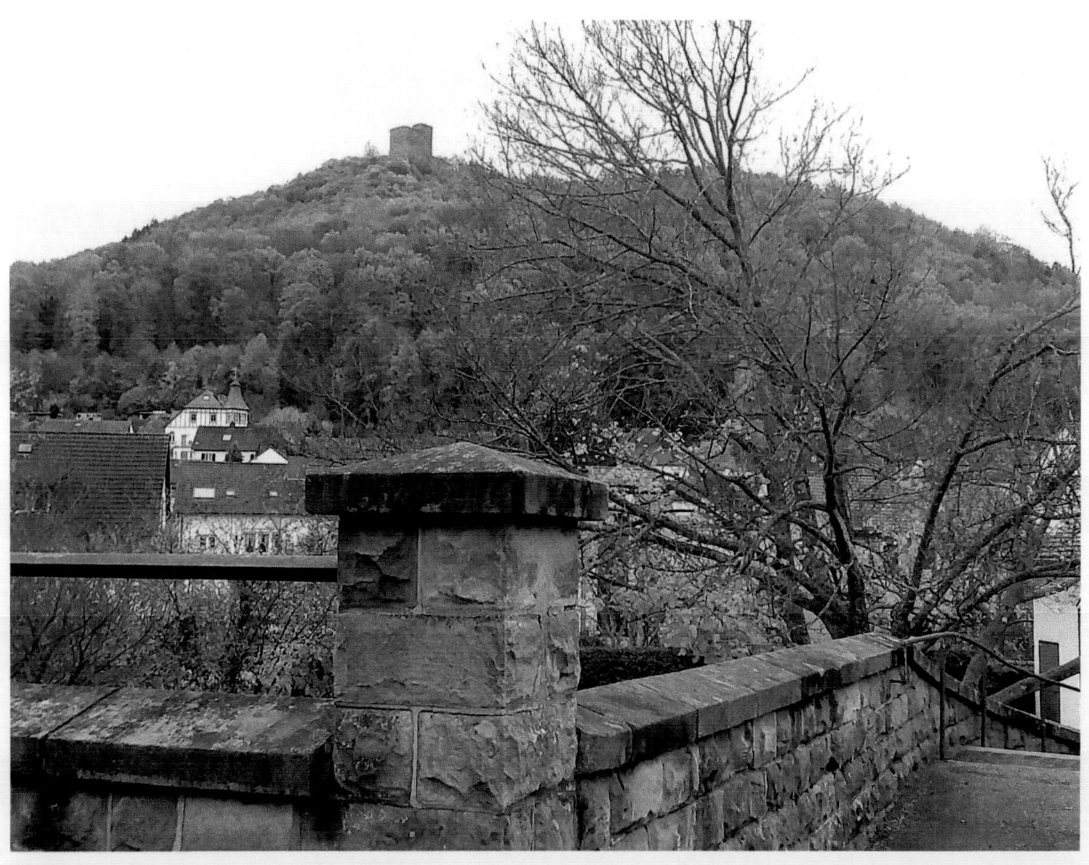

Annweiler am Trifels, November 2022

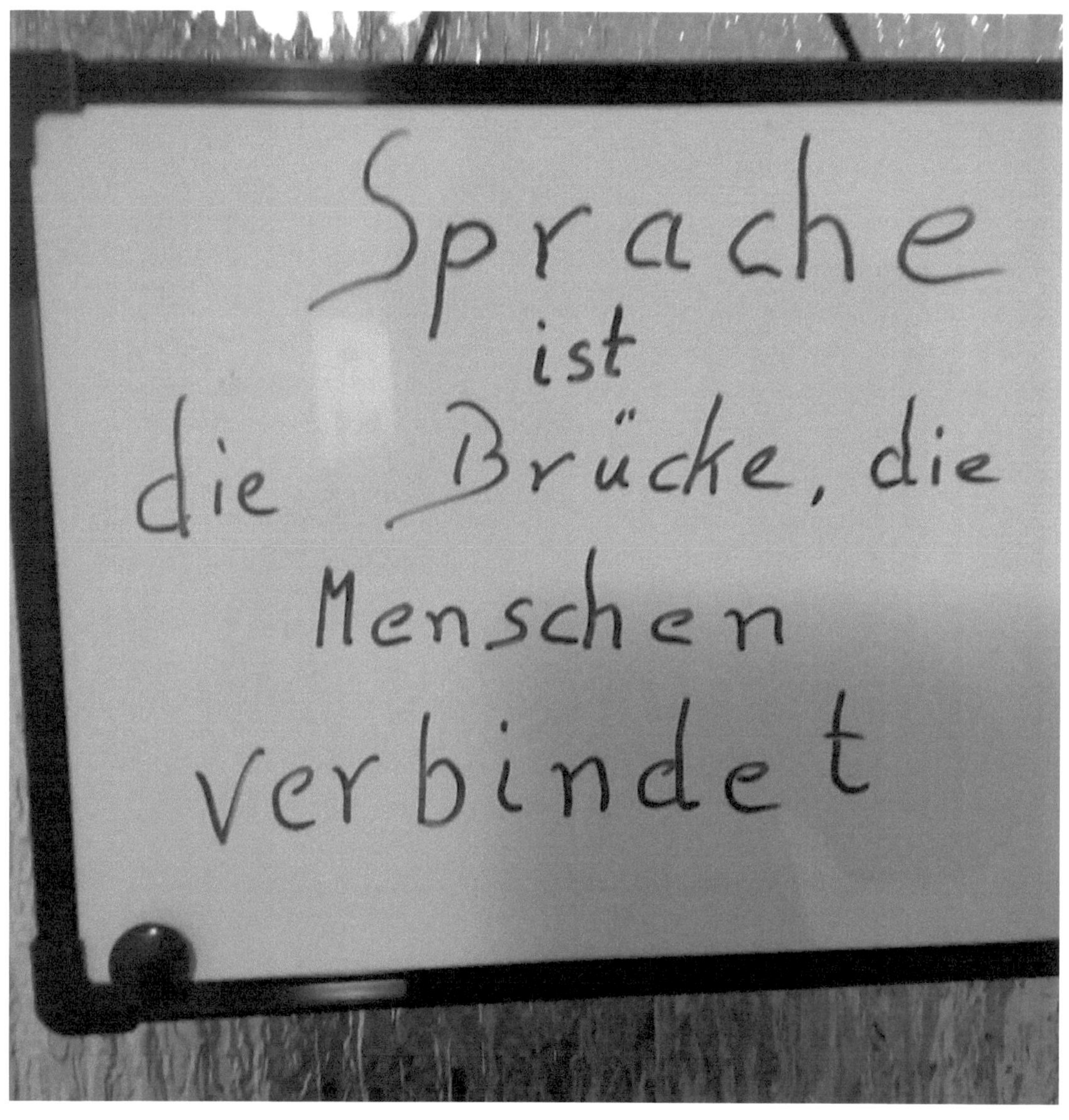

Die Eingangstür mit schönem Zitat von meiner legendären Logo (auch Abschied in diesem Buch... Ist lange her...)

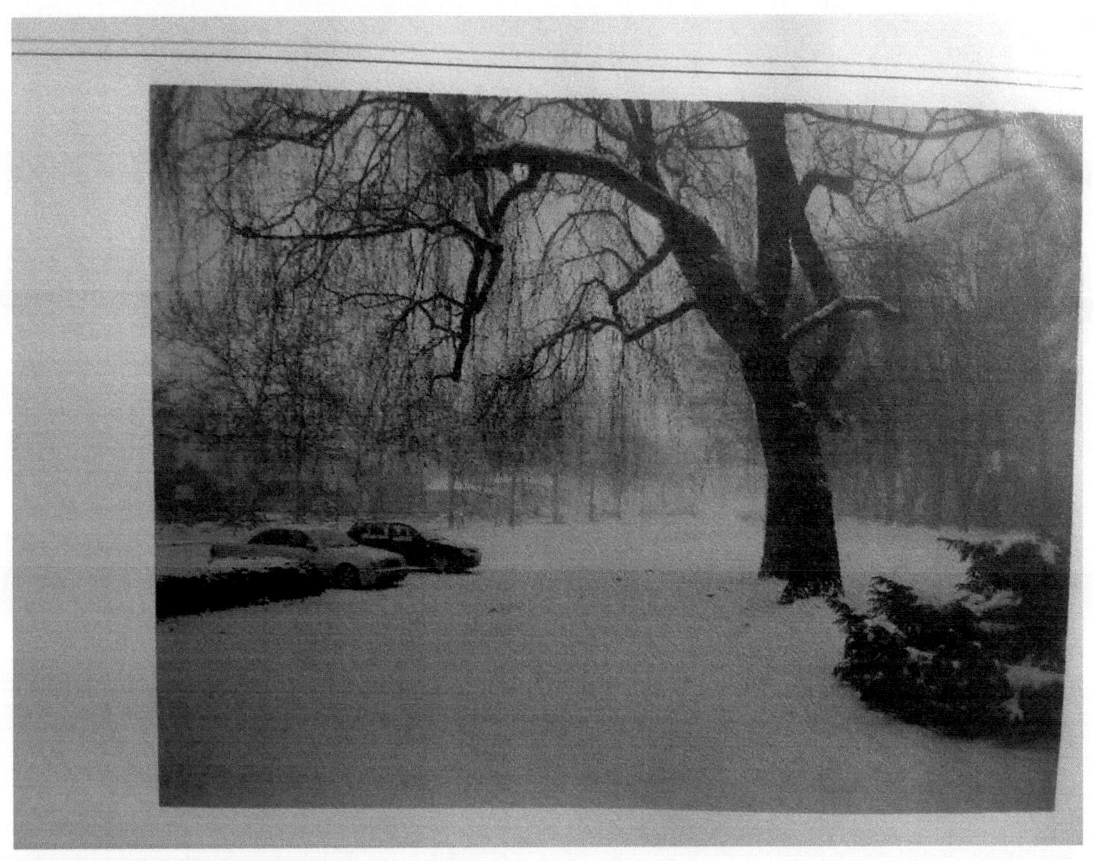

Eines meiner ersten Fotos als Fotograf (KL 2010)

C P Gerd Steinkoenig 18. November 2024 (mein zweiundsiebzigstes ISBN-Buch und letztes, letztes, letztes Buch!)

NACHWORT

Ich danke allen, das IHR in der Deutschen Nationalbibliothek seid: Hallo meine Logo, Stefan R, Frau Schw/My InstitutSoul, Romina K, Mrs P, meine Mentorin von 1983 (The Story of Rock) Guiseppa A., meine Betreueranwältin, Frau Engel, Mutter, Vater, Großvater, Christine H, Christa K, moi Katzemäädsche Molly und und und...